# Inhalt

## Das Prinzip Perlenkette - Produktionssteuerung mit fixer Auftragsreihenfolge

Kernthesen

Beitrag

Fallbeispiele

Weiterführende Literatur

Impressum

# Das Prinzip Perlenkette - Produktionssteuerung mit fixer Auftragsreihenfolge

*I. Zeilhofer-Ficker*

## Kernthesen

- Die Automobilindustrie in Deutschland ist Vorreiter in der Nutzung des Perlenkettenprinzips für die Steuerung der Fahrzeugmontage.
- Das Prinzip friert einige Tage vor Montagebeginn die Fertigungsreihenfolge ein und zieht Zulieferteile bei Lieferanten bzw. Teilesupermärkten synchron dazu.
- Die Lieferungen erfolgen Just-in-Sequence entsprechend der eingefrorenen Perlenkette.

- Das in der Theorie einfache Modell bedarf allerdings großer logistischer Anstrengungen, damit es in der Praxis störungsfrei läuft.

# Beitrag

# Das Prinzip der Perlenkette - einfach und kompliziert zugleich

Wer sich heute ein Auto kaufen will, hat meist ziemlich konkrete Vorstellungen, wie es aussehen soll. Motorleistung, Innenausstattung, Getriebe, Radio, Navi, Klima, Farbe natürlich - alles kann aus verschiedenen Variante gewählt und individuell kombiniert werden. Aber auch in anderen, vor allem technischen Bereichen, hat mittlerweile der Kunde das Sagen und eine Variantenvielfalt ungekannten Ausmaßes ist auf dem Markt, um allen Kundenanforderungen gerecht zu werden.

In den Fabriken kann man dieser Vielfalt mit Massen- oder Serienfertigung meist nicht mehr entsprechen und so haben sich neue Produktions- und Logistiksysteme entwickelt, die eine hohe Variantenvielfalt bei wettbewerbsfähigen Kosten erlauben. Viele deutsche Automobilhersteller nutzen dazu das Produktionssteuerungsprinzip der Perlenkette. Dieses Prinzip, das schon 2001 in der Fachliteratur beschrieben wurde, brauchte einige Jahre der Tests und Versuche bis die gewünschten Ziele tatsächlich erreicht wurden. Erst in den vergangenen Monaten meldeten die Autobauer, dass die entwickelten Prozesse und Abläufe nun so stabil sind, dass weitere Modellreihen und Werke auf die Perlenkette umgestellt werden können. (1), (3), (4)

## Was ist unter dem Perlenketten-Prinzip zu verstehen?

Die Kundenaufträge werden in eine Produktionsreihenfolge gebracht (=die Perlenkette), die Materialverfügbarkeit, Produktionskapazitäten und Kundenwunschtermin möglichst optimal koordiniert. Jedem Auftrag (jeder Perle) wird X Tage vor dem Produktionsstart ein Platz in der Fertigungsreihenfolge zugewiesen, der bis zur Fertigstellung nicht verändert wird. Nur bis zu diesem Freeze Point kann der Kunde an seinem Auftrag Änderungen vornehmen, danach nicht mehr. Zum Freeze Point bekommen die Lieferanten den Fertigungsplan übermittelt, so dass sie ihre Teilelieferungen entsprechend planen und synchronisieren können. Im Idealfall werden die

Zulieferteile just-in-sequence also reihenfolgegenau an die Produktionsstätte geliefert und zwar zu genau dem Zeitpunkt, an dem sie verbaut werden. (1), (2), (3), (4)

Das Prinzip funktioniert aber nur, wenn die Bereitstellungslogistik fehlerfrei funktioniert und auch keine Qualitätsmängel für Störungen sorgen. Dies hat sich bisher aber als relativ schwer umzusetzen erwiesen. Denn nur schlanke, wertstrombasierte Prozesse arbeiten weitgehend stabil und störungsfrei. Und störungsfreie Prozesse sind absolute Voraussetzung für die Perlenkette. (3), (4)

## Vorteile der Perlenkette

Durch das Einfrieren der Produktionsreihenfolge wird die Liefertreue erhöht. Das heißt, der Kunde kann sich darauf verlassen, dass sein Produkt zum avisierten Termin auch wirklich fertig sein wird. Da genaue Fertigungsinhalte bereits bei der Reihenfolgeplanung bekannt sind und berücksichtigt werden, können Kapazitäten von Maschinen und Mitarbeitern effizienter geplant und eingesetzt werden. Zur Glättung der Produktionskapazitäten werden Sequenzierungstools verwendet. Die reihenfolgegenaue Anlieferung von Zulieferteilen erspart die Lagerhaltung und reduziert damit die Kapitalbindung. Und auch die Lieferanten profitieren von der größeren Transparenz der Bedarfe und können ihre eigene Fertigung effizienter Planen und Durchführen. Werden die Vorteile der erhöhten Transparenz konsequent auch in der Produktion des Lieferanten genutzt, so können die Beschaffungskosten erheblich gesenkt werden. (1), (2), (3), (4)

Wird die Perlenkette konsequent durchgeführt und Störungen nicht erlaubt, so können immense Störungskosten vermieden werden. Wie eine Erhebung unter verschiedenen Autobauern kürzlich ergab, müssen diese häufig bis zu sieben Prozent ihres Umsatzes für Störungskosten aufwenden, die durch die Perlenkette weitgehend vermieden werden können. (4)

Schließlich empfiehlt sich die Perlenkette in Werken mit eingeschränktem Platzangebot. Häufig können Produktionsstätten nicht oder nur sehr eingeschränkt erweitert werden. Da die Produktion nach der Perlenkette auf Lagerhaltung fast komplett verzichtet, kann der vorhandene Platz ausschließlich für die Fertigung verwendet werden. (8)

## Voraussetzungen

Vor der Implementierung der Perlenkette müssen die Fertigungsprozesse analysiert und nach Wertströmen (um-)organisiert werden. Die gesamte Produktion muss nach dem Pull-Prinzip arbeiten, d. h. der Kundenauftrag löst interne wie externe Materialabrufe aus. Durchläuft ein Produkt mehrere Fertigungsstufen, so müssen Tausch- bzw. Resequenzierungspunkte festgelegt werden, zu denen eine Neuordnung der Auftragskette durchgeführt wird. Es ist dann festzulegen, an welchem Punkt die Auftragsreihenfolge eingefroren wird. In der Regel ist dies einige Tage vor Beginn der Endmontage der Fall. (3), (4), (5)

Alle logistischen Prozesse müssen auf die Perlenkette ausgerichtet werden. Für Teile, die nicht JIS an das Band geliefert werden, funktioniert beispielsweise ein Supermarkt-/Warenkorbprinzip. Hier werden die verschiedenen Teile für einen Fertigungsauftrag im Teilesupermarkt zu einem Warenkorb zusammengestellt und synchron zur Auftragsreihenfolge bereitgestellt. Alle logistischen Prozesse müssen absolut fehlerfrei funktionieren. (3), (6), (7)

Das Konzept verlangt außerdem einen hohen Grad an Qualität sowohl in der eigenen Fertigung als auch von den Zulieferteilen. Mängel und Nacharbeiten stören die Perlenkette empfindlich und sind so weit nur irgend möglich zu vermeiden. Für die häufigsten Störfälle sind Notfallmaßnahmen zu entwickeln, mithilfe derer die Perlenkette aufrecht erhalten werden kann. (3)

Die Schlüssellieferanten sind in den Prozess einzubinden, damit logistische und qualitative Aspekte bereits in die Vertragsgestaltung einbezogen werden. In der Regel ist eine Schnittstelle der IT-Systeme zu schaffen, um die Materialabrufe und Auftragsreihenfolgen zu übermitteln. (3), (4)

# Trends

Bei den deutschen Autobauern hat sich die Perlenkette in den vergangenen Jahren etabliert. Das Konzept wurde auf unterschiedliche Art und Weise mit eigenen Vorstellungen kombiniert und zu funktionierenden synchronen Wertschöpfungssystemen zusammengefügt. Nun plant man überall die Ausweitung auf weitere Modelle und Fertigungsbetriebe. (4), (8)Von anderen Branchen hört man bisher allerdings wenig im Hinblick auf die Produktionsumstellung hin zur Perlenkette. Wie in vielen Konzepten scheinen auch hierfür die Autobauer wieder die Vorreiterrolle einzunehmen. Erweist sich das Konzept aber weiterhin als Kosten sparend und praktisch umsetzbar, so dürfte einer Ausweitung in andere Branchen bald nichts mehr im Wege stehen.

## Fallbeispiele

Im Jahr 2002 fing das AUDI-Werk in Neckarsulm an, mit fünf eingebundenen Lieferanten die Endmontage des AUDI A8 nach der Perlenkette zu steuern. Nur acht Zulieferteile waren in die Perlenkette eingebunden. Mittlerweile wird auch die Montage des R8 sowie des neuen A8 über die Perlenkette montiert. Allein beim A8 nutzt man nun 25 Lieferanten mit 30 verschiedenen Baugruppen und Teilen. Alle anderen Teile werden im Supermarkt des nahen Cross-Docking-Lagers sequenzgenau zusammengestellt und an das Band geliefert. Das Konzept wird als großer Erfolg gewertet - deshalb sollen bald weitere Modellreihen folgen. (1), (2), (8)

Auch die Montage des BMW X1 in Leipzig erfolgt im Perlenkettenprinzip. Seit der Umsetzung konnten Bestände um 50 Prozent reduziert werden. Die Verschlankung der Prozesse führte zudem zu einer Halbierung der Wegezeiten der Mitarbeiter. (9)

Der Automobilzulieferer Ideal sah Verbesserungspotenzial in seinem Werk für Kofferraum- und andere Innenverkleidungen in Bor, Tschechien. Unter anderem wurde die Fertigung auf eine sequenzielle Arbeitsweise umgestellt und mit den Kundenbedarfen synchronisiert. Das Ergebnis ist eine fünfzigprozentige Reduzierung der Bestände sowie eine Steigerung der Produktivität um 30 Prozent. (10)

## Weiterführende Literatur

(1) Das neue Logistikkonzept
aus Verkehrs Rundschau, Heft 22/2010, S. 24

(2) AUDI A8 - Große Klasse
aus Automobil-Produktion, 2010, Sonderausgabe Audi A8, S. 22-24

(3) Effiziente Fertigung von Produkten mit hoher Varianz „Perlenkette" in der Produktion
aus BA Beschaffung aktuell, Heft 7, 2008, S. 34

(4) Das Produktionssteuerungskonzept „Perlenkette" Herausforderungen und Handlungsempfehlungen der Implementierung
aus Zeitschrift für wirtschaftlichen Fabrikbetrieb, Heft 12/2009, S. 1126-1130

(5) Stabilisierung des Auftragsabwicklungsprozesses durch flexible Auftragszuordnung Methoden und Wirkung der Reihenfolgenabsicherung zur Umsetzung einer stabilen Auftragsfolge am Beispiel der Automobilproduktion
aus Zeitschrift für wirtschaftlichen Fabrikbetrieb,

Heft 12/2008, S. 893-897

(6) Versorgungslogistik – Agilität als Erfolgsfaktor in turbulenten Zeiten
aus Zeitschrift für wirtschaftlichen Fabrikbetrieb, Heft 06/2010, S. 569-576

(7) Audi stellt auf Cross Docking um
aus DVZ, Nr. 37 vom 27.03.2010

(8) AUDI A8 - Prinzip Perlenkette
aus Automobil-Produktion, 2010, Sonderausgabe Audi A8, S. 28-29

(9) Exklusiv-Interview mit Manfred Erlacher, Leiter Werk Leipzig, BMW Group - Paradox: Stabil und flexibel
aus Automobil-Produktion, Heft 10/2009, S. 34

(10) Aufräumen verbessert Produktion
aus DVZ, Nr. 89 vom 27.07.2010

# Impressum

## Das Prinzip Perlenkette - Produktionssteuerung mit fixer Auftragsreihenfolge

**Bibliografische Information der deutschen Nationalbibliothek**

Die Deutsche Nationalbibliothek verzeichnet diese Publikation in der deutschen Nationalbibliografie; detaillierte bibliografische Daten sind im Internet über http://dnb.d-nb.de abrufbar.

ISBN: 978-3-7379-1110-8

© 2015 GBI-Genios Deutsche Wirtschaftsdatenbank GmbH, Freischützstraße 96, 81927 München, www.genios.de

Alle Rechte vorbehalten. Dieses Werk ist einschließlich aller seiner Teile – z.B. Texte, Tabellen und Grafiken - urheberrechtlich geschützt. Jede Verwertung außerhalb der Grenzen des Urheberrechtsgesetzes bedarf der vorherigen Zustimmung des Verlags. Dies gilt insbesondere auch für auszugsweise Nachdrucke, fotomechanische

Vervielfältigungen (Fotokopie/Mikroskopie), Übersetzungen, Auswertungen durch Datenbanken oder ähnliche Einrichtungen und die Einspeicherung und Verarbeitung in elektronischen Systemen.